Den Glauben buchstabieren

TVZ

Den Glauben buchstabieren

Ein Lese- und Schaubuch für Gläubige, Ungläubige und Abergläubige

Texte von Marianne Vogel Kopp und Niklaus Peter
Illustrationen von Daniel Lienhard

Mit einem Geleitwort von Manfred Papst

Herausgegeben von **reformiert.**
Evangelisch-reformierte Zeitung
für die deutsche und rätoromanische Schweiz

Die hier gedruckten Texte sind als Kolumne zuerst erschienen
unter dem Titel
ABC des Glaubens / «reformiert.» buchstabiert
Biblisches, Christliches und Kirchliches – für Gläubige, Ungläubige
und Abergläubige
in «reformiert. Evangelisch-reformierte Zeitung
für die deutsche und rätoromanische Schweiz»,
redaktionell betreut von Annegret Ruoff.

Wir danken für die Unterstützung unseres Projektes
• Fraumünster-Verein Zürich
• Kirchenpflege Fraumünster
• Verlag von «reformiert. Evangelisch-reformierte Zeitung für die
  deutsche und rätoromanische Schweiz»

Bibliografische Informationen der Deutschen Nationalbibliothek
Die Deutsche Nationalbibliothek verzeichnet diese Publikation in
der Deutschen Nationalbibliografie; detaillierte bibliografische
Daten sind im Internet über http://dnb.d-nb.de abrufbar.

Satz und Layout: Daniel Lienhard, Rorschach
Druck: Rosch-Buch GmbH, Scheßlitz

ISBN 978-3-290-17791-1
© 2014 Theologischer Verlag Zürich
www.tvz-verlag.ch

Erscheinungsdaten der Kolumnen

Amen – Nr. 1, Januar 2012, Marianne Vogel Kopp (**mvk**)
Babylon – Nr. 2, Februar 2012, Niklaus Peter (**np**)
Christus – Nr. 3, März 2012, **mvk**
Dreieinigkeit – Nr. 4, April 2012, **mvk**
Ebenbild – Nr. 5, Mai 2012, **np**
Fromm – Nr. 6, Juni 2012, **mvk**
Gnade – Nr. 7, Juli 2012, **np**
Halleluja – Nr. 9, September 2012, **mvk**
INRI – Nr. 10, Oktober 2012, **np**
Jenseits – Nr. 11, November 2012, **mvk**
Ketzer – Nr. 12, Dezember 2012, **np**
Lamm Gottes – Nr. 1, Januar 2013, **mvk**
Märtyrer – Nr. 2, Februar 2013, **mvk**
Nächstenliebe – Nr. 3, März 2013, **np**
Opfer – Nr. 4, April 2013, **np**
Paradies – Nr. 5, Mai 2013, **mvk**
Qumran – Nr. 6, Juni 2013, **mvk**
Rechtfertigung – Nr. 7, Juli 2013, **np**
Sakrament – Nr. 8, August 2013, **mvk**
Testament – Nr. 9, September 2013, **np**
Urchristentum – Nr. 10, Oktober 2013, **mvk**
Vergebung – Nr. 11, November 2013, **np**
Wiedergeburt – Nr. 12, Dezember 2013, **mvk**
Xmas – Nr. 1, Januar 2014, **np**
Yoga – Nr. 2, Februar 2014, **mvk**
Zion – Nr. 3, März 2014, **mvk**

Inhalt

Geleitwort

von Manfred Papst

Ein so schmales wie gehaltvolles Buch liegt vor uns: Marianne Vogel Kopp und Niklaus Peter haben es unternommen, in 26 konzisen Betrachtungen ein «ABC des Glaubens» zusammenzustellen. Sie erläutern in ihm christliche Schlüsselbegriffe von «Amen» bis «Zion». Klar, verständlich, ohne akademischen Faltenwurf, aber doch mit theologischem Tiefgang. Es gelingt ihnen, zentrale Elemente der biblischen Lehre zu einem nützlichen und sogar vergnüglichen Vademecum zu vereinen.

Wir lernen, das nur scheinbar floskelhafte «Amen» als Losung für eine gottergebene, erwartungsvolle Lebenshaltung zu begreifen. Uns geht auf, dass Babylon nicht nur ein Hort des Bösen war und dass ohne Diaspora eine Ausbreitung der christlichen Lehre nicht möglich gewesen wäre. Wir begreifen die zweitausendjährige Geschichte des Christentums als die einer unentwegten Neuauslegung unseres Glaubens. Das Bild des Baums mit Wurzeln, Stamm und Zweigen bringt uns die schwierige Vorstellung der Dreieinigkeit näher. Mit Kurt Marti können wir sie sogar als «lustvoll waltende Freiheit» erfahren.

Im Konzept der Ebenbildlichkeit Gottes entdecken wir unsere Menschenwürde und die Verpflichtung zur Nächstenliebe. Frömmigkeit wird uns zu einem Ziel, das von der Biederkeit so weit entfernt ist wie von der Besserwisserei. Gnade lernen wir als überraschende Gottesbegegnung zu begreifen, als Ausdruck von Anmut und Wohlwollen jenseits aller hierarchischen Konzepte. Und wir erkennen uns als Wesen, die daraufhin geschaffen sind, von und zu Gott zu reden. Obwohl wir nur wenig wissen, dürfen wir auf vieles hoffen. Willfährig und brav sein müssen wir dabei nicht: Als Gottsucher dürfen, ja sollen

wir uns widerborstig, aufmüpfig, nonkonformistisch verhalten, solange wir danach trachten, Gott zu lieben – und unseren Nächsten wie uns selbst.

Das ist oft leichter gesagt als getan. Gerade deshalb bleibt es unsere höchste Aufgabe. Mit ihr haben wir mehr als genug zu tun. Gleichwohl richtet sich unser Sinn nicht nur auf ein gerechtes Leben in der Welt, sondern auch auf das Jenseitige. Wir können es uns nicht vorstellen. Begriffe wie jene des Unendlichen und Absoluten stehen für Dimensionen, die unser Denkvermögen übersteigen. Doch im Bild des Paradieses, des Gottesgartens, so erfahren wir unter dem Buchstaben P, findet unsere Sehnsucht doch zum sinnigen Bild. Als Christen wissen wir, dass wir allein durch unseren Glauben gerechtfertigt sind. Unsere Taten und unsere Verdienste vermögen nichts. Recht zu tun und liebevoll, achtsam, schonungsvoll miteinander umzugehen: Das können wir anstreben. Gott wird uns zeit unseres Lebens ein Geheimnis bleiben. Doch wir sind im Glauben, in der Hoffnung, auch in der Angst und Sorge nicht allein. Durch den alten wie den neuen Bund sind wir in eine Gemeinschaft eingebunden, die uns trägt.

Wir stehen alle im Schuldzusammenhang des Lebens. Aber wir können um Vergebung bitten, wie wir in diesen Reflexionen erfahren, und wir können vergeben. Ungeschehen machen können wir nichts. Aber wir können erkennen und anerkennen, was wir an Unrecht getan und erlitten haben, und wir können mit unseren Nächsten übereinkommen, dass das inskünftig nicht mehr zwischen uns stehen soll. Das gibt uns Festigkeit in einer Welt, in der der Geist weht, wo er will, und in der wir alles wie durch einen Spiegel sehen. Glaube, Liebe, Hoffnung verweisen uns auf eine Eigentlichkeit und Wahrhaftigkeit, die wir als Sterbliche nur erahnen können.

Auf diese und viele andere Gedankenwege bringen uns Marianne Vogel Kopp und Niklaus Peter in ihren kleinen, tiefsinnigen Beiträgen. Daniel Lienhard hat sie mit originellen, überraschenden Bild-Inszenierungen versehen, welche den Text bald illustrieren, bald auch konterkarieren. Mögen die Gedanken und Bilder viele Leser durch ihren Alltag begleiten, ihnen Zutrauen geben und sie zu einer höheren Heiterkeit führen!

A wie Amen

Ebenso sicher wie das Amen in der Kirche ist auch dasjenige in der Synagoge und in der Moschee. Da enden die Gebete mit der kleinen, ursprünglich hebräischen Zustimmung: Amen – so ist es! Diese kollektive Einwilligung, leise oder laut mitgesprochen, gehört zum Ritual. Bei religiösen Glaubenssätzen anderer Couleur murmeln nicht alle ein absegnendes Ja und Amen mit. Gerade die reformierte Tradition hält das Mit- und Selber-Denken hoch und verzichtet auf einen Katalog, der keine Widerrede duldet. Wer innerlich beteiligt einer Rede oder einem Gebet mit Amen beipflichtet, lässt es nicht dabei bewenden. Denn Beten heisst nicht, Gott mit Ansprüchen zu bedrängen, er solle nun endlich die Welt retten. Vielmehr lässt man sich mit dem Amen auf Gott ein, der «alles in allem» ist. Amen, so geschehe es – aber auch an, durch und mit einem selbst.

Überraschend steht im letzten Buch der Bibel, der Offenbarung: «Dies sagt der Amen» (Offb 3,14). Jesus wird dort als das personifizierte Amen aufgefasst. Er wird zum göttlichen So-sei-es, zur konkreten Bestätigung seiner Liebe. Der Mann aus Nazaret hat dieses Amen verkörpert, indem er in Übereinstimmung mit seinem göttlichen Ursprung zu leben versuchte. Er kann uns Nachgeborene anregen, das Amen als Lebenshaltung zu entdecken: Statt abweisend gehen wir erwartungsvoll in den Tag. Den Argwohn tauschen wir bewusst gegen Freundlichkeit aus. Wir verneinen unser Leben nicht, sondern bejahen es grundsätzlich. Denn es ist, was es ist, samt seinem Schweren und Schönen. Hier kann ein mutiges Ja und Amen für einmal klug sein – und versöhnlich.

mvk

B wie Babylon

Was kommt einem in den Sinn, wenn man den Städtenamen «Babylon» hört? Vermutlich nicht viel Positives. Denn entweder denkt man an das «babylonische Sprachengewirr», an jene Konfusion also, die nach dem Bericht von Genesis 11 ausbrach, als man einen in den Himmel reichenden Prime Tower bauen wollte und darüber in Streit geriet. Oder vielleicht an das «babylonische Exil», an die Verschleppung vieler Menschen aus Jerusalem nach der Eroberung durch Nebukadnezar im Jahr 598 v. Chr.? Und wer apokalyptisch gestimmt ist, dem mag die «Hure Babylon» aus der Offenbarung einfallen – ein Codewort für Rom und dessen unzimperliche Herrschaft. In allen drei Beispielen steht «Babylon» für ungute Erfahrungen mit der Macht. Und tatsächlich waren die diesbezüglichen Erfahrungen der Israeliten und Juden, später auch der frühen Christen meist schmerzliche.

Aber Babylon war – wie später Rom – auch das Zentrum einer blühenden Kultur, eine Metropole mit vielen guten Menschen. Als Jeremia seinen «an den Wassern zu Babel» sitzenden und weinenden Landsleuten schrieb, da sagte er ihnen: «Suchet der Stadt Bestes!» Seid pragmatisch, sinnt nicht auf Rache, baut Neues auf. Denkt an die Zukunft und auch an die anderen! Und als 539 v. Chr. das Exil vorüber war, gingen nicht alle Juden zurück nach Jerusalem, viele blieben in Babel. Daraus wurde ein erster Kern der jüdischen Diaspora, die den Monotheismus in die ganze antike Welt hinaustrug. Ohne Diaspora wäre die Ausbreitung des Christentums nicht möglich gewesen. Vorsicht also mit Schwarz-Weiss-Denken: Babylon war nicht nur ein Hort des Bösen. **np**

C wie Christus

Was wir aus der historischen Forschung wissen: Jesus war Jude. Er wirkte als Wanderprediger um das Jahr 30 in Galiläa. Sein Interesse galt den Randständigen. Sein Programm in Wort und Tat lautete: Gottes Güte gilt euch, hier und heute. Er wurde als Aufständischer am Kreuz hingerichtet. Zwei bedeutende palästinische Traditionen zeugen von ihm: die Spruchquelle Q, eines der frühesten christlichen Dokumente, und das 1945 vollständig gefundene Thomasevangelium, eine Sammlung von 114 Jesusworten. Die Person Jesus ist ihnen nicht wichtig, er ist ein Prophet wie andere vor ihm. Einzig seine Botschaft vom «Reich Gottes» als herrschaftsfreier Alltagswelt zählt. Bereits die vier Evangelien sind nicht Historie, sondern theologisch motivierte Kompositionen eines fiktiven Lebens dieses Jesus.

Vollends neu ist die Christusverkündigung von Apostel Paulus (das griechische «Christos» entspricht dem hebräischen «Maschiach»: der Gesalbte). Paulus' Adressaten sind die jungen Gemeinden in den Städten. Ausgehend vom Kreuz als zentralem Symbol, entwirft er für sie eine Christusgestalt mit göttlichen Qualitäten. Schon bald nach Jesu Tod kursieren viele unterschiedliche Christusbilder. Auch die neutestamentliche Sammlung vereinheitlicht den Wildwuchs nicht. Die 2000-jährige Geschichte des Christentums ist eine fortlaufende Neuauslegung des Glaubens an Jesus, den Christus. Was der Nazarener ursprünglich angestossen hat, bleibt gültig: Wer mit diesem Christus Jesus in Resonanz geht, kann ihn auch heute noch als lebendigen Weg zu sich selbst, zum Nächsten und zu Gott erfahren. **mvk**

D wie Dreieinigkeit

Die ersten christlichen Gemeinden taufen neue Mitglieder «auf den Namen des Vaters und des Sohnes und des Heiligen Geistes». Das bezeugt die Didache, eine syrische Gemeindeordnung um das Jahr 65 n. Chr., die älter ist als die vier Evangelien. Diese liturgische Formel gibt den ersten Theologengenerationen ein schier unlösbares Problem auf: Wie kann der eine und einzige Gott, den die Christen mit den Juden teilen, mit dieser Dreiheit zusammengehen? Tertullian, Kirchenvater und Jurist ums Jahr 200, schafft ein Kunstwort: Aus «tres» (lat.: drei) und «unitas» (lat.: Einheit) formt er «trinitas», den an sich paradoxen Begriff «Dreieinigkeit». Bildhaft erklärt er: Es ist wie beim Baum, der hat auch Wurzeln, Stamm und Zweige.

Unzählige weitere, komplizierte Entwürfe rätseln um die Stellung Jesu, ob er etwa «nur» adoptiert sei oder Gott gleichgeordnet. Der Definitionsstreit um den Heiligen Geist entbrennt noch ärger. Am Konzil von Konstantinopel im Jahr 381 hält das neue Credo fest: Der Heilige Geist ist Herr und macht lebendig, er geht aus dem Vater hervor. Die gültige Kurzformel schliesslich: drei göttliche Personen, eine einzige Substanz. Wer dem nicht zustimmt, wird der Ketzerei angeklagt und verfolgt.

Das schwierige Dogma vom dreieinigen Gott bleibt irritierend anregend: Schon Augustin († 430) stellt fest, dass Gott, der doch Liebe ist, gar nicht ohne Gegenüber denkbar sei. Ähnlich preist Kurt Marti in seiner «geselligen Gottheit» (1989) die Dreieinigkeit als «Denkfigur», die Gott in Beziehungsvielfalt stellt: «Niemals statisch, nicht hierarchisch, actus purus, lustvoll waltende Freiheit …»   **mvk**

WER BIST DU? UND WENN JA, WIE VIELE?

E wie Ebenbild

Eine der geheimnisvollsten und schönsten Aussagen der biblischen Schöpfungsgeschichte lautet folgendermassen: «Und Gott sprach: Lasst uns Menschen machen als unser Bild, uns ähnlich.» Was könnte damit gemeint sein? Worin besteht diese Ebenbildlichkeit, diese Ähnlichkeit des Menschen mit Gott? Vielleicht kommt man diesem Bildwort auf die Spur, wenn man weiss: Antike Herrscher liessen in ihren Reichen überall Bildsäulen von sich aufstellen, um so ihre Macht, ihre Präsenz zu demonstrieren. Denn damals gab es ja noch kein Fernsehen, das ihre Visagen in jedes Wohnzimmer trug. Herrscher übrigens, die von sich behaupteten, sie seien göttlicher Abstammung, sie allein seien Gottessöhne. Schön frech muss das in altorientalischen Ohren geklungen haben, demokratisch eben, wenn die Bibel an prominentester Stelle erklärt: Gott hat den Adam, und das heisst: alle Menschen geschaffen als seine Ebenbilder, als kleine Stellvertreter hat er uns auf die Erde gestellt!

Es ist dies der Kern der biblischen Lehre vom Menschen: Jeder Mensch trägt mit seiner Seele diese geheimnisvolle Würde der Ebenbildlichkeit in sich, eine kleine, unsichtbare Krone auf dem Haupt.

Aber nicht nur das: Jeder hat auch eine Bestimmung, einen Auftrag hier auf Erden, nämlich die Präsenz des Schöpfers auf seine ganz individuelle Art glaubwürdig zu leben. Kein Mensch darf deshalb als Abschaum, als Ungeziefer, als «Überflüssiger» angesehen und behandelt werden. In diesem Wort von der Ebenbildlichkeit steckt eine ganze biblische Ethik: Gottesliebe, Würde des Menschen, Nächstenliebe. np

F wie Fromm

«Ich bin nicht etwa plötzlich fromm geworden», erklärte Ruedi Josuran, als er nach seinem Burn-out das «Fenster zum Sonntag» zu moderieren begann. Fromm zu sein, gilt als anrüchig. Rasch wird Frömmelei damit verbunden: zur Schau gestellte religiöse Besserwisserei. Ein frommer Mensch – ob Christ, Jude oder Moslem – gilt als bieder und unterwürfig oder aber als fanatisch und militant. Bis ins 16. Jahrhundert bedeutete «fromm», dass ein Mensch oder Tier tapfer und nützlich war.

Der Bedeutungswandel zu «gläubig» und «gottgefällig» vollzog sich in der orientierungslosen Zeit nach dem Dreissigjährigen Krieg (1618–1648). Die Menschen fragten nach der rechten christlichen Lebensführung. Die Kirche schwieg, erstarrt in orthodoxen Glaubensgebäuden. Als eine lebendige Gegenbewegung entstand der Pietismus. Er stellte den persönlichen Glauben ins Zentrum. Fromm zu sein, bedeutete zweierlei: das Glaubens- und Gebetsleben an der Bibel orientieren und in der Nächstenliebe tätig sein. Die Dichtkunst eines Paul Gerhardt vermittelt die Intensität dieser Frömmigkeit: «Süsses Heil, lass dich umfangen; lass mich dir, meine Zier, unverrückt anhangen. Du bist meines Lebens Leben; nun kann ich mich durch dich wohl zufrieden geben.»

Auch unsere Zeit ist von einer Sinnkrise geprägt: Die aufgeklärte Moderne mit ihrer Orientierung an der autonomen Vernunft ist der postmodernen Skepsis gewichen. Mystik als die «Erfahrungsseite des Glaubens» ist wieder gefragt. Fromm werden wir nicht mehr, aber vielleicht mutig für den Aufbruch ins Unbekannte. Wie Abraham, der Idealtyp des frommen Menschen. **mvk**

Süsses Herz, lass dich umfangen;
lass mich dir,
meine Zier,
unverrückt anhangen.

Du bist meines Lebens Leben;
nun kann ich
mich durch dich
wohl zufrieden geben.

G wie Gnade

«Sei gegrüsst, du Begnadete»: So kündigt Gabriel der ahnungslosen Maria an, dass Grosses mit ihr geschehen werde. Als sie erschreckt fragt, was das wohl bedeute, sagt der Engel: «Fürchte dich nicht, Maria, denn du hast Gnade gefunden bei Gott: Du wirst schwanger werden.» Lukas braucht das Wort Gnade gleich zweimal, um seine wunderbare Geschichte vom Kommen Gottes zu erzählen. Gnade heisst hier: überraschende Gottesbegegnung, unerwartetes Beschenktwerden.

Schade eigentlich, dass ein so schönes Wort fast vollständig aus unserem Wortschatz verschwunden ist. Niemand wird bedauern, dass es bei uns keine gnädigen Damen und Herren mehr gibt, die ja auch sehr ungnädig sein konnten (weshalb Tendenzen der Refeudalisierung unserer Gesellschaft beunruhigend sind). In den Evangelien aber hat Gnade nichts mit Macht und Ausbeutung zu tun. Das griechische Wort «Charis» nämlich bedeutet auch Anmut und Wohlwollen, das römische «Gratia» auch Schenken und Danken (Grazie!). Und wenn wir sagen: Der oder die hat aber Charisma, so meinen wir damit: besondere Begabungen und Talente, die man freilich auspacken und entwickeln muss. Wie Geschenke.

In Jesus von Nazaret, will Lukas in seinem Evangelium sagen, sind diese Charakterzüge der Gnade Gottes konzentriert lebendig geworden: das Charisma des guten, befreienden Worts, das Charisma des Heilsamen, das Charisma des Muts und der Bereitschaft, Schwierigem nicht auszuweichen – Charismen eines Menschen, der Gottes Liebe leben konnte. Wer Erfahrung mit der Gnade macht, wird selbst gnädiger und grosszügiger – aus Dankbarkeit. **np**

H wie Halleluja

Hallelu-Jah. 24 Mal findet sich dieser Aufruf im biblischen Buch der Psalmen. Der hebräische Wortstamm «hll» bedeutet: loben, preisen, segnen. Jah ist die Kurzform für den Gottesnamen Jahwe. «Halleluja» ist wie «Amen» ein kultischer Ruf, in der Regel wird er nicht übersetzt. Juden bezeichnen die Psalmen als «tehillim», Preisungen. Im jüdischen Morgengebet wird täglich das «kleine Hallel» rezitiert, die Psalmen 145 bis 150. Der Psalter endet mit dem Vers: «Alles, was Atem hat, lobe Jah, Halleluja» (Ps 150,6). Gott loben ist Ausdruck von Lebendigkeit. Der Mensch ist gleichsam daraufhin geschaffen, dass er von und zu Gott redet: seine vollbrachten Taten benennt und seine zukünftigen erwartet. Die Psalmen begründen das Halleluja damit, dass Gott gut sei, dass seine Treue ewig andauert.

Kirchenlieder knüpfen daran an: «Lobe den Herren, der alles so herrlich regiert …» Solches Lobpreisen wirkt heute naiv. Kritische Christen halten sich lieber an Dorothee Sölle, die ein Gedicht betitelte mit «warum ich gott so selten lobe». Braucht Gott überhaupt Lob? Die oder der Ewige lebt wohl nicht von menschlicher Anerkennung oder Anbetung, aber von der Verbindung zu uns. Die Preisungen des Psalters enthalten klugerweise nicht nur Lobgesänge, sondern auch Klagen und Verzweiflungsrufe aus der Gottverlassenheit.

Das Halleluja ist also kein verzücktes Lob, sondern umspannt die ganze Gottes- und Lebensverbundenheit. In diesem Sinn dichtete auch Sölle weiter: «jetzt habe ich mir vorgenommen/jeden tag drei sachen zum loben zu finden/dies ist eine geistlich-politische übung/von hohem gebrauchswert». **mvk**

I wie INRI

Abkürzungen sind rationell, statt dreier Wörter muss man nur drei Buchstaben hinkritzeln: MfG statt «Mit freundlichen Grüssen». Deshalb gibt's in so effizienten Institutionen wie der Schweizer Armee so viele davon: z.K. an KpKdt. Was da an Zeitersparnis zusammenkommt!

Wer würde denken, dass es auch bei einer aufs Ewige hin orientierten Religion wie dem Christentum Abkürzungen gibt? Doch dem ist so: Auf Matthias Grünewalds Kreuzigungsbild am Isenheimer Altar zum Beispiel sieht man über dem toten Christus die kapitale Inschrift: I. N. R. I. – eine Abkürzung für Iesus Nazarenus Rex Iudaeorum, das heisst: Jesus von Nazaret König der Juden. Pilatus hat diese Inschrift auf dem Kreuz anbringen lassen, aber sicherlich nicht in abgekürzter Form. Die Römer liessen nämlich den Verurteilten auf dem Weg zur Hinrichtung ein Schild vorantragen, auf dem der Grund für die Verurteilung zu lesen war. Alle Evangelien berichten von dieser Inschrift, weil diese für Christen keine Schmähung, sondern ein Ehrentitel ist: Sie enthält ihr Glaubensbekenntnis, dass Jesus der messianische Friedenskönig ist. Wer ist später auf den Gedanken gekommen, man müsse das abkürzen?!

Ein anderer Fall ist das Symbol des Fisches, früher in Katakomben und heute auf Autoklebern zu finden: Es war das geheime Erkennungzeichen verfolgter Christen, gut getarnt: ICHTHYS heisst auf Griechisch Fisch, doch als Abkürzung sind's die Anfangsbuchstaben der Wörter: **I**esous **C**hristos **T**heou **Y**ios **S**oter (Jesus Christus – Gottes Sohn – Heiland). Unserer bekenntnisschwachen Kirche sei's gesagt: wieder ein Glaubensbekenntnis! np

J wie Jenseits

Grabbeigaben sind die ältesten Funde, die auf das Erwachen eines religiösen Bewusstseins verweisen. Die Verstorbenen treten eine Reise an nach anderswo: das ist die Geburt des Urmythos. Haben die prähistorischen Menschen intuitiv erfasst, dass nichts verloren geht? Oder war die Angst vor der (Vergeltungs-)Kraft der Ahnengeister der Auslöser? Die uralte Frage nach dem Wohin des Sterbens bleibt auch nach Jahrtausenden spekulativer Beschäftigung ein Rätsel. An Fantasien und reich ausgeschmückten Jenseitsvorstellungen fehlt es nicht. Keine Antwort der Weltreligionen jedoch vermag ganz zu überzeugen.

Die Bibel präsentiert nicht einmal eine einheitliche Erklärung. Vorrangig sind im Judentum und dann auch im frühen Christentum apokalyptische Bilder eines nahen Weltendes: Die Toten auferstehen leiblich zum Jüngsten Gericht. Sie gelangen entweder an einen Ort der Bestrafung oder erlöst in die Nähe Gottes. Paulus' Auffassungen vom «Spiegel», der uns den Blick noch trübt (1 Kor 13,12), oder von Gott, der einst «alles in allem» sein wird (1 Kor 15,28), sind ebenfalls zurückhaltende Aussagen für das Jenseits. Was man nicht weiss, darauf darf man doch hoffen. Auch Mystiker nach Paulus belassen es beim vagen «Eingehen in Gott» oder in den Zustand der «Allverbundenheit».

Viele Menschen halten Nahtoderfahrungen für den Beweis eines lichtvollen, harmonischen Weiterlebens nach dem Tod. Letztlich bleibt als einzige Gewissheit: Wir werden die Wahrheit erkennen, wenn wir die Todesschwelle unumkehrbar überschreiten. **mvk**

K wie Ketzer

Das Wort Ketzer geht auf die historischen Katharer zurück, eine christliche Glaubensbewegung von Laien, die im Mittelalter (12.–14. Jahrhundert) in Südfrankreich, Spanien und Deutschland grossen Zulauf hatte. Sie wurde schliesslich auf äusserst grausame Weise von der Inquisition der römischen Kirche und den Heeren des französischen Königs vernichtet. Schon deshalb sollte man mit dem Wort Ketzer vorsichtig umgehen – und nicht leichtfertig Menschen mit abweichenden Glaubensvorstellungen so bezeichnen.

Wie gut und notwendig war es doch, dass der radikale protestantische Theologe Gottfried Arnold in seiner «Unparteyischen Kirchen- und Ketzer-Historie» (1699) vielen dieser mutigen, grausam verfolgten Selbstdenker des Christentums ein Denkmal gesetzt hat. Über ihn schreibt Goethe voller Lob, er habe von manchen Ketzern, die man ihm bisher als toll oder gottlos vorgestellt habe, einen «vorteilhaften Begriff» erhalten. Walter Nigg hat 1949 ein «Buch der Ketzer» geschrieben, um deutlich zu machen, wie unabhängige Frömmigkeit und ungewohnte Denkwege für die Geschichte des Christentums von grosser Bedeutung waren. Keine Kirche kann auf nonkonformistische Gottsucher verzichten!

Aber man mache es sich auch nicht zu leicht: Der deutsche Kirchenkampf – die Auseinandersetzung zwischen der «Bekennenden Kirche» und den nationalsozialistischen «Deutschen Christen» – hat auch gezeigt, dass eine Glaubensbewegung, die ihre Sache ernst nimmt, zwischen Glauben und Irrglauben unterscheiden können muss. Nur eben: nicht mit Schwert und Scheiterhaufen, sondern mit Geisteskraft und Argumenten. np

L wie Lamm Gottes

In den Landschaften des Vorderen Orients wimmelt es von Schafen und Lämmern. Ebenso in der Bibel, wo sie nicht nur geschätzte Lieferanten von Fleisch und Wolle sind, sondern auch Symbol für das Volk Israel – das von Gott als seinem Hirten sicher geweidet wird (Psalm 23). «Lamm Gottes» als Titel für Jesus kommt einzig im ersten Kapitel des Johannesevangeliums vor, wo er Johannes dem Täufer in den Mund gelegt ist. Der Evangelist verwebt hier zwei unabhängige Überlieferungsstränge: Das Gottesknechtslied aus Jesaja 53 – «wie ein Lamm, das zur Schlachtung gebracht wird» und «er hat die Sünden vieler getragen» – koppelt er an die Passatradition: Er lässt Jesus zum selben Zeitpunkt sterben, an dem am Jerusalemer Tempel die Passalämmer geschlachtet werden, in Erinnerung an den Auszug des Volkes Israel aus der Versklavung in Ägypten. Jesus selbst war kein Freund von Tieropfern: «Barmherzigkeit will ich und nicht Opfer» (Mt 9,13).

In der jungen Kirche wurde das Lamm rasch zum beliebtesten Symbol für Jesus Christus. Viele verfolgte Jesus-Anhänger wollten ebenso gewaltlos wie ihr Meister den Märtyrertod erleiden. Früh setzte auch die unheilvolle und unbiblische Engführung in eine Opfertheologie ein, die Jesu Kreuz und Sterben als zentrale und notwendige Erlösungstat deutete. In der römischen Messe wie im Abendmahl wird das «Lamm Gottes» als «Agnus Dei» seit Jahrhunderten angerufen. Wer heute einer gleichnamigen Vertonung lauscht, etwa aus Bachs h-Moll-Messe, wird berührt, auch wenn er mit dem geopferten Gotteslamm nichts mehr anzufangen weiss. **mvk**

Aktuell

Oster-Gitzi
Bitte bis
Gründonnerstag
bestellen!

M wie Märtyrer

Ein Märtyrer ist ein Mensch, der für seine Überzeugung den gewaltsamen Tod durch seine Gegner hinnimmt. Der Begriff leitet sich vom griechischen «martys» ab, dem «Zeugen». In der frühen Kirche genossen Blutzeugen höchste Anerkennung. Ihr standhafter Glaube und ihre Nachahmung des Leidens Christi fand Bewunderer. Für die Anfänge gilt: «Das Blut der Märtyrer ist der Same der Kirche.» Bis das Christentum um 380 Staatsreligion im Römischen Reich wird, erleiden seine Anhänger Wellen von Verfolgung. Als Urvater aller Märtyrer gilt der gesteinigte Stephanus, bekannt aus Apostelgeschichte 7, doch erst seit der Hinrichtung Polykarps um 160 wird der Begriff «Märtyrer» verwendet. Von ihm und zahlreichen weiteren Zeugen werden Märtyrerakten angelegt, die als heilige Schriften in Umlauf gelangen.

Das bekennerhafte Martyrium ist eigentlich ein Paradox: Selbstbehauptung wird durch Selbsthingabe erreicht. In der Neuzeit ist diese Leidensbereitschaft rar, dafür geniessen moderne Märtyrer wie Martin Luther King oder Dietrich Bonhoeffer umso mehr Respekt. Ihr Mut macht sie zu neuzeitlichen «Glaubenshelfern». Sie gelten als Hoffnungszeichen dafür, dass die Macht der Unterdrücker zu brechen ist.
Anders eine traurige Aktualität: Hundert Millionen Christen werden heute weltweit verfolgt. Der militante Islam hat das machtverliebte Christentum, das Jahrhunderte lang unzimperlich seine Gegner eliminierte, abgelöst. Er pervertiert gottergebene Muslime zu «Waffen». Noch glauben diese Märtyrer an den direkten Weg ins Paradies. **mvk**

N wie Nächstenliebe

Es ist eines der strahlendsten Worte der Bibel – und gleichzeitig nervt es gewisse Leute. «Wer ist mein Nächster?», fragen sie, «Bin ich denn für alle Menschen zuständig?» Eine Jesus-Geschichte handelt davon. Sie beginnt mit der ernsten Frage eines Schriftgelehrten: Meister, was muss ich tun, damit ich ewiges Leben erbe? Vielleicht muss man das so übersetzen: Was muss ich tun, wenn mein Leben vor Gottes Ewigkeit Bestand haben soll? Jesus fragt zurück: Was sagt die Bibel dazu? Die Antwort des Schriftgelehrten ist klug und präzis, er fasst mit zwei Stellen die hebräische Bibel zusammen: Liebe Gott – und deinen Nächsten wie dich selbst! Gut, sagt Jesus, dann lebe so und handle danach … Aber der Schriftgelehrte macht sich's nicht leicht, er fragt zurück: Wer ist denn mein Nächster?

Und nun erzählt Jesus ein Gleichnis: Ein Mann wird auf dem Weg von Jerusalem nach Jericho zusammengeschlagen und ausgeraubt. Verletzt liegt er am Boden, ein Oberpriester (heute vielleicht der Kirchenratspräsident) kommt vorbei, sieht ihn, läuft vorüber, denn er hat schrecklich Wichtiges zu tun. Dann kommt ein Unterpriester (heute vielleicht der Gemeindepfarrer), sieht ihn, läuft vorüber, denn auch er ist im Stress. Schliesslich kommt einer von den Samaritanern (welche mit den Juden verfeindet waren), er schaut hin, zeigt Emotionen, hat Mitleid. Er pflegt den Verletzten und rettet ihm das Leben. Der Samaritaner hat – so sagt Jesus damit – ein Stück ewiges Leben gefunden und ein Stück Himmel auf die Erde gebracht. So herrlich einfach, so menschlich anspruchsvoll ist die Lehre dieses Jesus von Nazaret. **np**

O wie Opfer

Was wäre unsere Gesellschaft ohne die Bereitschaft vieler Menschen, etwas Kostbares zu opfern zugunsten anderer? Eltern und Grosseltern opfern Zeit und Geld für ihre Kinder, Freunde tun das für Freunde, Junge für Alte. Und was wären wir ohne all jene Polizei-, Rettungs-, Schutz- und Armeeleute, die ihre Sicherheit, ihre Gesundheit, im Extremfall ihr Leben zu geben bereit sind, um Schlimmeres, um Katastrophales abzuwenden?

Über Opfer nachzudenken, führt in helle Regionen des menschlichen Lebens – dorthin, wo Opferbereitschaft Leben ermöglicht. Aber es führt auch in dunkle Regionen hinein, wenn wir etwa an Verkehrsopfer, an Strahlenopfer, ja an Bombenopfer denken: Mobilität, Energie und Fanatismus fordern ihre Opfer. Und die ernste Frage dabei lautet, wie viel unserer Lebensgewinne wir auf dem Rücken anderer machen, welche Opfer wir täglich produzieren oder in Kauf nehmen.

Gerade deshalb sollten wir den Begriff des Opfers nicht aus unserem Wortschatz streichen – er hilft uns zu einem guten und realistischen, aber auch kritischen Blick auf unser Leben. Und deshalb ist in der Bibel vom Opfer die Rede – vom Dankopfer, aber auch vom Sühnopfer. Man tut etwas aus Dankbarkeit, oder gibt etwas, um Versöhnung zu finden oder zu stiften. Und nur so werden jene Sätze vom Opferlamm verständlich, mit denen Christen die Passionsgeschichte des Jesus von Nazaret gedeutet haben: Da ist einer nicht davongerannt, sondern hatte den Mut und die Tapferkeit, Leiden auszuhalten – weil es um Frieden ging: Frieden untereinander, Frieden mit Gott.

np

P wie Paradies

Die Vorstellung eines überirdischen Wonnegartens, in dem die Götter wohnen und die Verstorbenen selig sind, kennen nicht nur die orientalischen Kulturen. Dort jedoch ist eine an Wasser und Bäumen reiche Oase der Inbegriff von heilem Lebensraum. Das aus dem Altiranischen stammende «pairi daeza» hat bis in die Gegenwart nichts von seiner Verlockung eingebüsst, die «Paradiese» haben sich gar vermehrt: Ferienreisende, Einkaufswillige und Steuerflüchtige finden je das ihre.

In der Bibel beginnt der ältere Schöpfungsbericht mit dem Garten Eden. Der Anfang hat etwas Paradiesisches – an Neugeborenen und Verliebten haftet ein Hauch davon. Doch die Lust an Erkenntnis vertreibt die Menschen aus dem Garten, und ein Schwertengel versperrt den Rückweg. Kann der Verlust rückgängig gemacht werden? Bei den Propheten tauchtet die erlösende Vorstellung auf, Gott mache die Wüste einst wieder fruchtbar wie Eden. Das endzeitliche Paradies inspiriert seit über 2000 Jahren auch die Apokalyptiker. Und Ähnliches verheisst Paulus, der Jesus als zweiten Adam deutet und uns allweihnächtlich singen lässt: «Heut schliesst er wieder auf die Tür zum schönen Paradeis, der Cherub steht nicht mehr dafür …»

«Paradies» ist auch eine transzendente Antwort auf die Fragen: Woher kommt und wohin geht der Mensch? Die Unendlichkeit oder das Absolute sind unvorstellbare Dimensionen, im Bild eines Gottesgartens werden sie anschaulich. Obwohl das Paradies ein Geheimnis bleibt, warum nicht schon jetzt und hier (mit Dorothee Sölle) den Himmel erden und Gott träumen?

mvk

Q wie Qumran

Die archäologische Sensation des vergangenen Jahrhunderts: Als ein Beduine im Frühling 1947 beim Ziegenhüten über dem Toten Meer eine Höhle mit 45 hohen Tonkrügen entdeckt, ahnt er noch nichts von deren Kostbarkeit. Rund zweitausend Jahre alte Schriftrollen stecken in den Gefässen. Bestände aus Synagogen wurden dort um 68 n. Chr. vor dem Zugriff der römischen Besatzer versteckt.

Die Qumran-Rollen stellen die ältesten Handschriften biblischer und anderer sakraler Texte dar. Die vollständig erhaltene Jesajarolle belegt, wie texttreu durch die Jahrhunderte hindurch kopiert wurde. Wurmbeschädigte Überreste von 900 Schriftrollen aus weiteren Höhlen beschäftigen seither ein grosses Expertenteam. Die Ausgrabung der Qumran-Siedlung durch den französischen Dominikaner de Vaux hatte in den Fünfzigerjahren noch keine Parallelen. So setzte er die Hypothese in Umlauf, die bis anhin nicht lokalisierbare Sekte der Essener habe dort klosterähnlich gelebt. Archäologisch unklare Entdeckungen werden zunächst immer rituell gedeutet. Die bruchstückhafte Veröffentlichung der Qumran-Funde entfesselte Fantasien: Verschwörungstheorien über Textunterschlagungen Roms bis zu metaphysischen Thrillern füllen seither Buchregale.

Unter den aktuellen Thesen ist die wahrscheinlichste, dass Qumran ein befestigter Landwirtschaftsbetrieb für regionale Produkte wie Datteln war und bis zu 300 Menschen beschäftigte. Wasser gelangte vom Bergland über Aquädukte in die Oase auf der Felsterrasse. Weit und breit keine «Geheiminformationen» über Jesus.

mvk

R wie Rechtfertigung

Sich ständig rechtfertigen zu müssen, das heisst, unter permanentem Druck zu stehen: Du musst beweisen, dass du recht hast, richtig gehandelt hast, gerecht bist – und daraus entstehen Rechthaberei, Selbstgerechtigkeit und Moralismus. Martin Walser hat das eindrücklich beschrieben: «Ich habe mein Leben als Schriftsteller auch im Reizklima des Rechthabenmüssens verbracht. Und habe erlebt, dass die ablenkungsstärkste Art des Rechthabens die moralische ist. Den Eindruck erwecken müssen, man sei der bessere Mensch.»

Wer selbstkritisch genug ist, weiss, dass wir uns letztlich nie wirklich rechtfertigen können, weil wir alle fehlbar sind. Und das gilt auch und vor allem für unser Verhältnis zu Gott. Wenn es eine Grundeinsicht der Reformation gibt, dann diese: Gerechtfertigt sind wir allein durch Glauben, durch Gottesvertrauen – nicht durch unsere Taten, nicht durch unser Geld und auch nicht durch unsere Gesinnung. Deshalb kritisierte Martin Luther die mittelalterliche Ablasslehre und das bezahlte Messelesen so heftig.

Das christliche Drama und die Gute Botschaft von Kreuz und Auferstehung bedeuten ja gerade, dass diese Rechthaberei von Gott her überwunden worden ist und wir uns nicht mehr rechtfertigen müssen. Sondern schlicht und einfach versuchen sollten, recht zu leben und möglichst gerecht miteinander umzugehen, ohne uns selbst und andere ständig unter Rechtfertigungsdruck zu setzen. «Zur Ehre der Religion sei gesagt», betont Walser deshalb, «dass sie von Paulus über Augustinus bis zu Calvin, Luther und Karl Barth die Frage, wie ein Mensch Rechtfertigung erreiche, nie hat aussterben lassen.» np

S wie Sakrament

Gott ist Geheimnis. Spirituell wache Menschen umkreisen es in Gedanken, möchten dieses Heilige aber auch erfahren, es be-greifen. Die christliche Gemeinschaft hat solch leibhaftiges Glaubenserlebnis von Anfang an gepflegt, indem sie die Handlungen und Aufforderungen Jesu fortsetzte: Sie taufte, hielt Mahlgemeinschaft, heilte Kranke oder sprach Vergebung zu.

Vom 2. Jahrhundert an werden im Kirchenlatein die Begriffe «sacramentum» und «mysterium» gleichbedeutend verwendet. Augustin († 430) nannte die Sakramente «sichtbare Zeichen einer unsichtbaren Wirklichkeit» oder auch die «sichtbare Verkündigung des Evangeliums». Sakramente sollen Gott nicht beweisen oder Magisches bewirken, sie sind «irdische Abbilder, die helfen, himmlische Dinge zu erkennen», wie der Genfer Reformator Calvin später ausführte. An der unterschiedlichen Deutung und Anzahl der Sakramente zerstritt und spaltete sich die Christenheit immer wieder.

Doch während sich die theologischen Positionen wieder angenähert haben, halten sich machtstrategische Unterschiede hartnäckig. In der unterkühlten ökumenischen Bewegung regen sich doch schwache Hoffnungszeichen: Noch dieses Jahr soll die Taufe zwischen den christlichen Konfessionen in der Schweiz erneut gegenseitig anerkannt werden. Anders bei der geplanten gemeinsamen Abendmahlsfeier von katholischen, orthodoxen und reformierten Pfarrern jüngst in Dübendorf – die Initianten respektierten das Veto der Kirchenleitungen. Man ist geneigt auszurufen: «Sakerment, macht vorwärts mit der ökumenischen Reformation!» *mvk*

T wie Testament

Kommt ein frommer Jude verzweifelt zu seinem Rabbi und klagt: «Mein Sohn hat sich taufen lassen! Was soll ich nur tun?» Darauf der Rabbi: «Ist mir auch passiert. Hab' ich Gott mein Leid geklagt, hat Gott geantwortet: Ist mir auch passiert, hab' ich neues Testament gemacht.» Das ist ein wunderbar vielschichtiger jüdischer Witz – der ironisch darauf anspielt, dass Christen Altes und Neues Testament sagen, wenn sie die hebräische Bibel (fünf Bücher Mose, Propheten, Schriften) und die griechische Bibel (Evangelien, Apostelgeschichte, Briefe, Apokalypse) meinen.

Testament heisst hier aber nicht «letztwillige Verfügung» – das lateinische Testamentum geht vielmehr auf das griechische Wort für «Bund» zurück, und so haben die ersten Christen es verstanden: Gottes erneuerter Bund mit seinem Volk. So steht es auch im Lukasevangelium, im Bericht über das Abendmahl. Erst später wurden daraus Bezeichnungen für die beiden Teile unserer Bibel. Leider bald auch so verstanden: dort das Veraltete, hier das Neue. Dabei war die hebräische Bibel allein die Heilige Schrift für Jesus und seine Jünger. Und eindeutig ist: Man versteht die wichtigsten Worte und Aussagen des christlichen Glaubens nicht, wenn man sie nicht von der Matrix der hebräischen Bibel und von der lebendigen Religion Israels her liest. Deshalb gehören die beiden Testamente eng zusammen. Nur zusammen gelesen, wird Gottes Geschichte mit seinem Volk verständlich, nur so hörbar als Gute Botschaft vom erneuerten Bund, zu dem Juden und Christen gehören – und alle Menschen, welche diese Friedensbotschaft hören und sich zu Herzen nehmen. **np**

U wie Urchristentum

Mit dem Urchristentum verhält es sich wie mit der jungen Liebe. Über beiden liegt der Zauber des Anfangs: noch keine Kompromisse, keine Verrenkung, keine Festschreibung. Die Entstehungszeit des Christentums war eine sehr bewegte und inspirierte. In der rund hundertjährigen Spanne zwischen Jesu Tod und der frühen Bischofskirche herrschte kreativer Wildwuchs. Die Christusanhänger galten damals als jüdische Sekte, die zunächst gar nicht beabsichtigte, eine eigenständige Religion zu gründen. Theologisch wucherten die Interpretationen von Jesus, dem Christus (griechisch «Christos» entspricht hebräisch «Maschiach», Messias, der Gesalbte), noch in alle Richtungen.

Erst danach etablierte sich die Institution Kirche und begannen die Streitigkeiten um den «rechten Glauben» und die Verfolgung der Anhänger von «Irrleh-ren». Durch die lange Kirchengeschichte hindurch blieb die Attraktivität des Urchristentums hoch. Immer wieder besannen sich Gruppierungen wie die Katharer, Täufer oder Pfingstler auf diesen ungebändigten Anfang und leiteten aus ihm ihre radikalisierte (lateinisch «radix», Wurzel) Glaubenspraxis ab. Manche dieser Gemeinschaften verfielen dem Trugschluss, sie könnten die kulturelle Kluft zum Urchristentum unmittelbar überbrücken und seien die Einzigen, die in «jesuanischem Geist» lebten.

Diese Versuche zeigen, wie vielstimmig und uneindeutig das Urchristentum nachwirkt. Es ist, wie wenn Jesus jede Generation neu fragte: «Und ihr, für wen haltet ihr mich?» (Lk 9,18). Die blühende christliche Spiritualität heute zeigt: Der Ursprung hat sich erstaunlich wenig abgenützt. **mvk**

V wie Vergebung

Ein Mann, so erzählt eine chinesische Geschichte, versucht, seinem Schatten davonzulaufen. Er rennt und läuft seinen verzweifelten Wettlauf, bis er schliesslich tot zusammenbricht. So entkommt er dem Schatten seiner Taten nicht, der sich an seine Fersen geheftet hat. Er hätte bloss innehalten, sich in den Schattenwurf eines starken Baumes stellen können – ein Sinnbild für Vergebung.

«Und vergib uns unsere Schuld, wie auch wir vergeben unseren Schuldigern » – heisst eine zentrale Bitte im Unser-Vater-Gebet Jesu. Wer selbst um Vergebung bittet, sieht freundlicher auf Menschen, die schlecht gehandelt haben und ihm gegenüber schuldig geworden sind. Die Philosophin Hannah Arendt hat die Fähigkeit, vergeben zu können, mit dem Versprechenkönnen zusammen zu den Heilmitteln der menschlichen Seele gezählt.

Ein schöner, tiefer Gedanke, dass auch unsere Seelen Heilmittel brauchen: menschliche Worte, die heilsam wirken, weil sie die dunklen Schatten und bösen Geschichten zwischen Menschen in ihrer zerstörerischen Kraft neutralisieren. Ich vergebe dir, heisst: Diese Geschichte soll künftig nicht mehr zwischen uns stehen. Vergebung heisst nicht verleugnen, dass Verletzendes passiert ist. Es gibt keine Vergebung, ohne dass zuerst anerkannt würde, dass Unrecht geschehen ist. Vergebenkönnen heisst im entscheidenden zweiten Schritt aber, dass derjenige, der verletzt, gedemütigt, betrogen worden ist, seinen Mitmenschen von diesem Schatten losspricht. Welch heilsame Macht durch Worte, wenn sie aufrichtig ausgesprochen werden – sie gehören in jede seelische Notapotheke. np

W wie Wiedergeburt

Die Idee der Wiedergeburt ist attraktiv. Die Vorstellung einer Seele, die nach dem Tod in einen neuen Körper «wandert» und sich dort weiterentwickelt, ist alt und in vielen Philosophien und Religionen verbreitet. Ein Drittel der Schweizer Bevölkerung glaubt an die Reinkarnation. Das schenkt Orientierung. Das erlöst den Einzelnen davon, ein unwesentlicher Kosmos-Winzling zu sein. Viele beschäftigen sich allerdings kaum mit der Lehre vom Karma, den belastenden früheren Taten und der Sehnsucht nach dem Ende der ewigen Kette von Wiedergeburten in den östlichen Religionen.

Die Bibel äussert sich nicht zu Reinkarnation, ist also weder dafür noch dagegen. «Wiedergeburt» hingegen thematisiert sie. Der spannendste Text dazu ist das Nachtgespräch Jesu mit dem einflussreichen Nikodemus (Joh, Kap. 3). Jesus spricht auf einer spirituellen Ebene von «Neugeburt». Nikodemus verweigert sich: Es könne doch keiner in den Schoss seiner Mutter zurückkriechen! Jesus präzisiert die Gottespräsenz: «Der Wind (griechisch: pneuma) weht, wo er will, und du hörst sein Sausen, weisst aber nicht, woher es kommt und wohin es geht. So ist es mit jedem, der aus dem Geist (pneuma) geboren ist.»

Befreit und erlöst die Verbundenheit mit Gott zu erfahren, braucht eine radikale Veränderung: Alte Zugehörigkeiten müssen abgenabelt, neuer Atem (pneuma) muss geschöpft werden. Die Geistgeburt verhilft zum wirklichen Wesen hinter der Fassade. Mutter Teresa definierte es so: Es gilt nicht über Jesus zu sprechen, sondern Jesus zu sein. Das wirft ein ganz neues Licht auf die Menschwerdung an Weihnachten.

mvk

X wie Xmas

X ist der griechische Buchstabe für «Chi», und da «Messias» auf Griechisch «Christos» heisst, und dieser im abkürzungsfreudigen Englisch «Christ», hat ein noch abkürzungsfreudigerer Amerikaner herausgefunden: Man spart enorm viel Zeit, wenn man für «Weihnachten» nicht «Christmas», sondern «Xmas» schreibt.

Das hat sich eingebürgert, nicht nur in den USA. Denn fast alles aus Amerika scheint hierzulande einen überirdischen Glanz zu haben und wird entsprechend schnell übernommen. So gibt's auch bei uns Xmas-Cards und Xmas-Partys. Übernommen wurde auch der Santa Claus mit weissem Wattebart, mit knallig rotem Mantel und Rentierschlitten, ursprünglich ein überaus mutiger und sozial denkender Bischof aus dem altchristlichen Kleinasien. Er war bei uns einst als Sankt Nikolaus im Erziehungsgeschäft tätig, streng, würdevoll und nützlich …

Aber zurück zum Xmas. Statt Weihnachtsbriefe, in denen man von Verwandten und Freunden ausführlich geschildert bekommt, was im zu Ende gehenden Jahr so alles an Freudigem und Traurigem vorgefallen ist, erhält man jetzt Xmas-Cards. Sie sind so eingerichtet, dass man unter das vorgedruckte «Merry Xmas» nur noch eine Unterschrift setzen muss. Da ich mir fest vorgenommen habe, im neuen Jahr nicht zu nörgeln und nur positiv zu denken, so will ich mir jetzt ausmalen, was wir diesjährig mit der gewonnenen Zeit alles anstellen könnten, welch noble Taten wir vollbringen, welch schöne Gedichte wir schreiben, all das, was Amerikaner ganz unabgekürzt «quality time» nennen.

np

Y wie Yoga

Die älteste Yoga-Tradition hat religiöse Wurzeln. Diesen Weg der Hingabe an Gott beschreibt im 5. Jahrhundert v. Chr. die Bhagavadgita, die als «Bibel der Hindus» gilt. Rund 700 Jahre später wird sie durch den klassischphilosophischen Yoga ergänzt: Patanjali, der «Vater des Yoga», definiert ihn im Leitfaden «Yogasutra». Er beschreibt die acht wesentlichen Stufen der Reinigung und Beruhigung aller Bewusstseinsbewegungen. Erst im 9. Jahrhundert entwickelt sich der Hatha-Yoga, der körperbetonte Praktiken mit meditativen Elementen verbindet. Unter westlichen Intellektuellen hat das Yoga-Denken bereits im 19. Jahrhundert Einzug gehalten. Seit einigen Jahrzehnten wird der Hatha-Yoga hierzulande gar als Breitensport praktiziert. Hinduistische Weltanschauung ist dabei Nebensache; die Übenden trachten selten nach dem «Erwachen», welches in der Auflösung des Ego und in der Vereinigung mit dem ursprünglich göttlichen Leben erfahrbar wäre. Attraktiv sind die Entspannungstechniken, die mit Körperübungen den Geist beruhigen.

Christentum und Yoga-Übungswege sind durchaus vereinbar, wo es beiden ums Sein geht, um gelassenere Alltagsbewältigung. Doch warum nicht neugierig auch über Inhalte den Austausch wagen? Paulus betont im Ersten Brief an die Korinther (1 Kor 13,12), wie bruchstückhaft unser (religiöses) Erkennen ist: «Denn jetzt sehen wir alles wie durch einen Spiegel, in rätselhafter Gestalt.» Dialog ist angesagt in unserer klein gewordenen Welt. Letztlich steckt in allen Traditionen und Religionen ein «Anruf der Wahrheit».

mvk

Z wie Zion

Seit 3000 Jahren ist «Zion» ein schillernder Begriff: Er taucht als geografische, mythische, poetisch-hymnische, religiös-spirituelle sowie als politische Bezeichnung auf. Wörtlich bedeutet Zion «Felssporn». Als König David Jebus (heute: Jerusalem) eroberte, übernahm er den Namen der dortigen Turmburg und weitete ihn auf die ganze Davidsstadt aus. Später wanderte der Name etwas weiter nördlich zum heutigen Tempelberg. Salomon liess dort im 9. Jahrhundert vor Christus den ersten Tempel als Staatsheiligtum errichten. Mythische Motive aus der kanaanäischen Tradition verknüpften sich mit diesem Berg Zion, und eine eigentliche Zions-Theologie entstand: Zion als Mittelpunkt des Kosmos, als Gottes Gegenwart und Wohnsitz. Später ist Zion Synonym für die ganze Stadt Jerusalem, diese wird gar personifiziert als «Tochter Zion», die klagt oder Heil ankündet. Im babylonischen Exil kommen apokalyptische Motive hinzu: Zion wird zum «Licht der Völker», zur Vision eines Friedensreichs nach der grossen Katastrophe.

In «Zion» prallen seit den Anfängen religiöse und säkulare Geschichtsdeutung aufeinander. Christen, Juden und Muslime erklären Zion zum Mittelpunkt ihres Glaubenslebens. Der politische Zionismus suchte im späten 19. Jahrhundert auch andernorts nach einer «jüdischen Heimstätte». Dass sie ausgerechnet in Palästina errichtet wurde, war und ist Anlass für Krieg und Besatzung. «Gott hat Zion getröstet, getröstet all ihre Trümmerstätten» (Jes 63,3). Auch heute, 2500 Jahre später, ist sie dessen noch bedürftig. **mvk**

Manfred Papst

1956 in Davos geboren. Von 1975 bis 1983 Studium der Sinologie, Germanistik und Kunstgeschichte in Zürich, Abschluss mit einer Arbeit zur Übersetzbarkeit chinesischer Lyrik. Zusatzstudium der Geschichte, Abschluss 1987. Freie Tätigkeit als Korrektor, Lektor, Übersetzer und Herausgeber für verschiedene Verlage sowie als Deutschlehrer. Mitarbeit in einem Nationalfondsprojekt zur Edition der Werke und Briefe Friedrich Glausers. Von 1989 bis 2001 Programmleiter des NZZ-Buchverlags, seit 2002 Ressortleiter Kultur der «NZZ am Sonntag». Zahlreiche Publikationen zu Literatur und Musik.

Marianne Vogel Kopp

1959 in Kölliken geboren. Zwei Jahre Unterricht als aarg. Sekundarlehrerin in Unterkulm. Von 1981 bis 1989 Theologiestudium in Basel und Jerusalem. Als Theologin freiberuflich tätig mit den Schwerpunkten feministische Theologie, Bibliodrama, Liturgie und Enneagramm. Publizistisch aktiv seit 1999 in diversen Zeitungen und Zeitschriften im Bereich Religion – Kultur – Gesellschaft. Radiopredigerin auf DRS2 von 1998 bis 2004. Fernsehpfarrerin im «Wort zum Sonntag»-Team des Schweizer Fernsehens 2005/06. Bis 2009 verantwortete sie 12 Jahre lang den Kammermusikzyklus «Schlosskonzerte Spiez». Ihr Entwicklungsroman «Der Spur nach» kam 2010 im Nydegg-Verlag Bern heraus, 2013 folgte mit «Flughaut» der zweite. Lebt mit Ehemann, Sohn und Hund in Hondrich bei Spiez.

Niklaus Peter

1956 in Zürich geboren, in Basel und in Riehen/BS aufgewachsen, Theologiestudium in Basel, Berlin und Princeton (NJ USA), Dr. theol., Oberassistent mit Lehrauftrag für Systematische Theologie an der Universität Basel. 1995 Universitätspfarrer und Studentenseelsorger in Bern, von 2000 bis Herbst 2004 Leiter des Theologischen Verlags Zürich. Seit Oktober 2004 Pfarrer am Fraumünster Zürich und Vizedekan des Pfarrkapitels Stadt Zürich. Niklaus Peter hat neben seiner Arbeit im Pfarramt Bücher, Aufsätze und Editionen im Bereich wissenschaftlicher Theologie veröffentlicht, auch Predigtbände, er ist regelmässiger freier Mitarbeiter der NZZ. Ehrenamtliche Mitarbeit im Vorstand der Winterhilfe Stadt Zürich, im Vorstand der Reformationsstiftung, der Karl Barth-Stiftung und der Stiftung Nietzsche-Haus Sils Maria. Verheiratet mit Vreni Peter-Barth, Musikerin, vier erwachsene Kinder.

Daniel Lienhard

1954 in Bauma geboren, aufgewachsen im Zürcher Limmattal. Ausbildung zum Primarlehrer und zum Visuellen Gestalter. 1981 Gründung der Privatschule «Gesamtschule Unterstrass» zusammen mit Dieter Rüttimann. Ebenfalls 1981 Eröffnung eines eigenen grafischen Ateliers in Zürich, seit 2013 in Rorschach am Bodensee. Von 1990 bis 2010 Kirchgemeindepräsident der Predigerkirche in der Zürcher Innenstadt. Verheiratet, heute wohnhaft in Rorschach und Bregenz. Gestalterische Arbeit und Ausstellungsgestaltung für die Bereiche Bildung, Religion, Kultur. Mit der Zeit Spezialisierung auf Illustration. Heute vorwiegend als Illustrator tätig. Die Illustrationen zum vorliegenden Buch wurden in 3D-Technik erstellt. www.lienhardillustrator.ch